essentials

essentials liefern aktuelles Wissen in konzentrierter Form. Die Essenz dessen, worauf es als „State-of-the-Art" in der gegenwärtigen Fachdiskussion oder in der Praxis ankommt. *essentials* informieren schnell, unkompliziert und verständlich

- als Einführung in ein aktuelles Thema aus Ihrem Fachgebiet
- als Einstieg in ein für Sie noch unbekanntes Themenfeld
- als Einblick, um zum Thema mitreden zu können

Die Bücher in elektronischer und gedruckter Form bringen das Expertenwissen von Springer-Fachautoren kompakt zur Darstellung. Sie sind besonders für die Nutzung als eBook auf Tablet-PCs, eBook-Readern und Smartphones geeignet. *essentials:* Wissensbausteine aus den Wirtschafts, Sozial- und Geisteswissenschaften, aus Technik und Naturwissenschaften sowie aus Medizin, Psychologie und Gesundheitsberufen. Von renommierten Autoren aller Springer-Verlagsmarken.

Weitere Bände in der Reihe http://www.springer.com/series/13088

Christa Reicher

Grundlagen, Bausteine und Aufgaben des Städtebaus

Schnelleinstieg für Architekten und Planer

Christa Reicher
RWTH Aachen
Aachen, Deutschland

ISSN 2197-6708 ISSN 2197-6716 (electronic)
essentials
ISBN 978-3-658-25658-6 ISBN 978-3-658-25659-3 (eBook)
https://doi.org/10.1007/978-3-658-25659-3

Die Deutsche Nationalbibliothek verzeichnet diese Publikation in der Deutschen Nationalbibliografie; detaillierte bibliografische Daten sind im Internet über http://dnb.d-nb.de abrufbar.

Springer Vieweg

Springer Vieweg ist ein Imprint der eingetragenen Gesellschaft Springer Fachmedien Wiesbaden GmbH und ist ein Teil von Springer Nature
Die Anschrift der Gesellschaft ist: Abraham-Lincoln-Str. 46, 65189 Wiesbaden, Germany

Was Sie in diesem *essential* finden können

In diesem *essential* finden Sie:

- eine Definition zum Städtebau,
- einen Überblick zur Entstehungsgeschichte der Stadt,
- eine Erläuterung der Strukturtypen und Bausteine der Stadt
- sowie einen Einblick in unterschiedliche städtebauliche Herangehensweisen
- und ausgewählte Aufgabenfeldern.

Inhaltsverzeichnis

1 Einleitung

Das 21. Jahrhundert gilt als das urbane Zeitalter – das Jahrhundert, in dem erstmals die Mehrzahl der Menschheit in Städten lebt. Entscheidend für die Zukunft der Städte und die Zukunft des urbanen Lebens ist, wie mit den sozialen, ökologischen und ökonomischen Herausforderungen sowie den veränderten Rahmenbedingungen umgegangen wird. Die Disziplin Städtebau kann einen entscheidenden Beitrag dazu leisten, die Zukunft des urbanen Lebens attraktiv und nachhaltig zu gestalten.

In den letzten Jahren hat ein grundlegender Paradigmenwechsel stattgefunden. Nach einer Phase der Stagnation und der Schrumpfung ist die Debatte über das Wachstum von Städten und Regionen mit voller Wucht zurückgekehrt. Die Innenentwicklung der Städte hat nicht nur deutlich an Fahrt gewonnen. Vielmehr lässt sich im Zuge einer Renaissance der Innenstädte und eines Attraktivitätsgewinns größerer Kernstädte eine intensive bauliche Nachverdichtung beobachten. Dieses gilt nicht nur für die Großstädte, sondern auch für viele kleinere Städte in unterschiedlichen Lagen.

Die Ursachen hierfür sind vielfältig:

- der mit dem Nachhaltigkeitsparadigma der Stadtentwicklung verbundene Wunsch nach einer Eindämmung des Siedlungsflächenverbrauchs,
- die Verfügbarkeit von innerstädtischen Konversionsflächen,
- veränderte Haushaltstypen und Lebensstile sowie
- die Angebotsvorteile – Arbeitsplätze, Kultur, Versorgung – von Städten und Metropolräumen.

Gleichzeitig werden neben der Innenentwicklung vielerorts wieder neue Siedlungen und ganze Stadtteile am Rande der Städte geplant, um die Nachfrage nach Wohnraum und nach Gewerbe- und Industrieflächen zu befriedigen.

C. Reicher, *Grundlagen, Bausteine und Aufgaben des Städtebaus,* essentials,
https://doi.org/10.1007/978-3-658-25659-3_1

Vor dem Hintergrund dieser parallel verlaufenden Prozesse und der zunehmenden Komplexität städtischer Entwicklungen steigt auch die Erwartung an ein interdisziplinäres Verständnis von Städtebau.

Dieses *essential* liefert eine Einführung in das weite Feld des Städtebaus, vom grundsätzlichen Verständnis der Disziplin bis hin zu einer Auseinandersetzung mit ihren aktuellen Aufgabenfeldern.

Es will einen Beitrag leisten, das Wissen über die Stadt und den Städtebau zusammenzufassen und der interessierten Fachöffentlichkeit verfügbar zu machen.

2 Definition und Verständnis

Unter dem Begriff „Städtebau" werden die sichtbaren und gestalteten Strukturen der Stadtplanung verstanden. Städtebau befasst sich mit der räumlichen Ordnung und Gestaltung der Umwelt, im städtischen sowie im ländlichen Kontext. Gerd Albers hat zum Verständnis von Städtebau eine umfassende Definition geliefert: „Unter Städtebau verstehen wir die Lenkung der räumlichen, insbesondere der baulichen Entwicklung im gemeindlichen Bereich. Das Tätigkeitsfeld erstreckt sich von der langfristigen räumlichen Disposition der Bodennutzung und Infrastrukturinvestition bis hin zum Entwurf des dreidimensionalen Rahmens für die bauliche Gestaltung." (Albers 1970).

Im Laufe der vergangenen Jahrhunderte, wenn nicht sogar Jahrtausende hat der Städtebau Lösungen für ganz unterschiedliche Anforderungen entwickeln müssen, die sich wiederum auf das Aufgabenverständnis ausgewirkt haben:

▶ **Städtebau … ist die Verwirklichung von Stadtplanung** Die Stadtplanung entwickelt die grobe Struktur für das zukünftige Quartier, die Stadt oder die Region. Bei dieser Ordnungsstruktur als Grundgerüst setzt der Städtebau an und gibt ihr eine räumliche Prägung und ein ästhetisches Bild, das eine Vorstellung von der zukünftigen Wirklichkeit liefert.

▶ **Städtebau ist Stadt- und Raumplanung in der dritten Dimension** Während die Stadt- und Raumplanung sich der zweidimensionalen Struktur der Stadt widmet, befasst sich der Städtebau mit ihrer dreidimensionalen Prägung und schließt Aspekte der Gestaltung mit ein. Städtebau ist in diesem Sinne eine gestaltende Stadtplanung, bis hin zur architektonischen Prägung des Raums auf den unterschiedlichen Maßstabsebenen.

C. Reicher, *Grundlagen, Bausteine und Aufgaben des Städtebaus*, essentials,
https://doi.org/10.1007/978-3-658-25659-3_2

▶ **Städtebau … ist eine Übereinkunft öffentlicher und privater Interessen** Der Bau von Städten war immer eine Leistung von öffentlichen und privaten Akteuren, wenn auch mit unterschiedlichem und wechselndem Gewicht. Städtebau kann nicht ausschließlich als private oder öffentliche Aufgabe angesehen werden. Die vielen Public-Private-Partnership-Vorhaben (PPP), aber auch die zahlreichen zivilgesellschaftlichen Initiativen auf lokaler, regionaler und internationaler Ebene zeugen von dem sich verändernden Kräfteverhältnis und von neuen Allianzen im Städtebau.

▶ **Städtebau … ist das Ordnen von sozialen Beziehungen** Die gebauten Strukturen und Stadträume stellen das Gerüst dar, auf dem die Kommunikation und das Handeln der Menschen basieren. Diese können so gestaltet sein, dass gemeinsame Aktivitäten und Dialoge befördert werden, sie können diese aber auch unterbinden und verhindern. Über den Städtebau werden somit die sozialen Beziehungen geordnet und die Möglichkeiten des gemeinsamen Handelns befördert.

▶ **Städtebau … bestimmt den Zusammenhang zwischen Gebäude und Kontext** Städtebau formuliert den physischen Rahmen für die Zuordnung und die Form von Bauten, Anlagen sowie öffentlichen, halböffentlichen und privaten Freiräumen. Der Schwerpunkt liegt dabei auf der Formulierung und Umsetzung von räumlichen Zusammenhängen und Bedeutungen zwischen dem Objekt, dem einzelnen Gebäude, und dem Kontext, dem gebauten Umfeld. In dieser Mittlerrolle zwischen verschiedenen Maßstäben kommt dem Städtebau eine zentrale Funktion als Stellschraube für Qualität zu.

Dieses inhaltliche Aufgabenverständnis von Städtebau findet seinen rechtlichen Niederschlag in der Bauleitplanung, insbesondere im Bebauungsplan und im Flächennutzungsplan. Neben diesem formellen Instrumentarium geht es im Städtebau auch um den Entstehungsprozess einer Konzeption oder eines Entwurfes, der über das eigentliche Produkt hinaus geht und eher informeller Natur ist. Städtebau ist demnach immer beides: Produkt und Prozess.

Geschichtliche Entwicklung des Städtebaus

3

Städtebau existiert, seit Städte nicht nur errichtet und gebaut, sondern geplant und entworfen werden. Dabei haben sich die Grundsätze und Gestaltungsprinzipien entsprechend den jeweiligen Herausforderungen verändert und damit über die Jahrtausende zu unterschiedlichen räumlichen Ergebnissen geführt.

3.1 Der Ursprung der Stadt

Die ersten städtischen Organisationsformen, die in Ägypten, China, Indien und Mesopotamien geplant wurden, sind über 5000 Jahre alt. Die erste Großstadt entdeckten Archäologen in Südmesopotamien.

Die Auslöse-Faktoren für die Entstehung von Raum- und Baustrukturen lassen sich grundsätzlich in zwei Kategorien einteilen: in natürliche und in soziale Bedingungen (Reicher 2017, S. 21). Der Blick auf die Entstehungsgeschichte der Stadt macht deutlich, dass sich die spezifischen Voraussetzungen und natürlichen Gegebenheiten wie die Topografie, die Bodenbedingungen und das Klima in der gebauten Struktur einer Stadt widerspiegeln. Auch die Materialien, die bei der Errichtung der Bauten, bei der Erstellung der Infrastrukturen und Freiräume verwendet wurden, sind auf regional vorkommende Ressourcen zurückzuführen und haben dadurch spezifische Prägungen.

Im Verlauf der Zeit haben sich Menschen eine ausgesprochene Vielfalt an unterschiedlichsten Lebensräumen geschaffen, die jeweils Ausdruck ihrer kulturellen, ökonomischen und gesellschaftlichen Verhältnisse ist (Reicher 2017, S. 21). Die Form der Städte der Vergangenheit war immer eng mit dem Leben der Menschen verknüpft, die sie konzipiert, geplant, gebaut und bewohnt haben (Lampugnani 2017). Sie haben die Gestalt der Städte, insbesondere der Altstädte, nachhaltig geprägt und ihnen eine Identität verliehen (Schröteler-von Brandt 2014, S. 8).

C. Reicher, *Grundlagen, Bausteine und Aufgaben des Städtebaus,* essentials,
https://doi.org/10.1007/978-3-658-25659-3_3

3.2 Antike und Mittelalter

Die Wurzeln der europäischen Stadt gehen zurück auf die griechische Stadt zur Zeit der klassischen Antike. Organisation und Gestaltung der antiken Stadt folgten einem formalen und funktionalen Ordnungsprinzip. Prägend für diese Epoche der Stadtentwicklung waren der rasterförmig aufgebaute Stadtgrundriss, die Einheitlichkeit des Stadtbildes sowie der besondere Stellenwert des öffentlichen Raums. Die antike Stadt wurde vielfach als „Einheitsstädtebau" bezeichnet. Sie verfügt über einen markanten öffentlichen Raum, die „agora", als Herzstück der gesellschaftlichen und politischen Öffentlichkeit.

Im Gegensatz zur antiken Stadt kennt die mittelalterliche Stadt kaum regelmäßige und rechtwinklige Stadtanlagen. Obwohl sie organisch gewachsen erscheint, war die Stadt des Mittelalters doch vielfach das Resultat von planerischen Vorgaben zur Struktur und zur Gestalt. Auch hinsichtlich der Höhenentwicklung und der Wirkung der Stadtsilhouette wurden diese Städte bewusst angelegt. Ihre Gestaltung orientierte sich an künstlerischen Leitlinien. Diese Prinzipien wurden in der Renaissance und im Barock weiterentwickelt (Trieb 1977, S. 31). Viele dieser historischen Gesetzmäßigkeiten, insbesondere die Straßennetze mit ihren Krümmungen und Blickbrechungen, haben heute noch Bestand.

3.3 Industrialisierung und Gründerzeit

Mit der besonders dynamischen Entwicklung der Städte im 19. Jahrhundert etablierte sich der Städtebau als Disziplin. Die Industrialisierung und das rasante Wirtschafts- und Bevölkerungswachstum ließen die Städte explosionsartig anwachsen. Wohnungsnot und Flächenknappheit führten infolgedessen zu einer extremen Verdichtung und zu großflächigen Stadterweiterungen. Die markanten Gründerzeitviertel, die mit ihren Stärken und Schwächen heute noch die Eigenart vieler Städte prägen, stammen zu großen Teilen aus dieser Zeit (Schröteler-von Brandt 2014, S. 9).

3.4 Moderne und Funktionalismus

Anfang des 20. Jahrhunderts entstanden neue städtebauliche Leitbilder als Gegenentwürfe zu dem extremen Stadtwachstum und der baulichen Verdichtung. So konzentrierte sich das Leitbild der Moderne auf ein Alternativmodell zur dichten Großstadt, um die schlechten Lebensverhältnisse in den Städten zu verbessern.

Die 1933 verabschiedete „Charta von Athen“ als ideologischer Ausgangspunkt der funktionalen Stadt sah vor, die städtischen Funktionen von Arbeiten, Freizeit und Wohnen räumlich zu trennen und damit die gegenseitige negative Beeinflussung zu reduzieren. Dieses Leitbild fand große Beachtung beim Wiederaufbau der deutschen Städte nach dem Zweiten Weltkrieg und schlug sich in der Konzeption einer „gegliederten und aufgelockerten Stadt“ nieder.

3.5 Urbanität durch Dichte

Zu den großflächigen Stadterweiterungen und Siedlungsentwicklungen, die als zu wenig urban kritisiert wurden, lieferte das städtebauliche Leitbild der „Urbanität durch Dichte“ in den 1960er und 1970er Jahren einen Gegenentwurf. Mit der Intention, mehr Urbanität zu schaffen, entstanden Großsiedlungen und ganze Satellitenstädte, die sich vor allem durch einen Maßstabssprung in der Vertikalen auszeichneten. Rückblickend betrachtet wurde der Anspruch an Urbanität nicht eingelöst und das städtebauliche Leitbild bereits eine Generation später wieder verworfen (Reicher 2017, S. 26).

3.6 Bestandserhaltung und Stadterneuerung

Das Europäische Denkmalschutzjahr 1975 stellte einen Wendepunkt im Umgang mit der Stadt dar. Anstatt neuer großräumiger Strukturen wurden nunmehr Konzepte entwickelt, die den historischen Bestand wertschätzten und weiterbauten. Konzepte der behutsamen Stadterneuerung und der Bestandspflege traten anstelle von Flächensanierung und Abriss von sanierungsbedürftigem Baubestand.

3.7 Transformation und Rückbesinnung auf die europäische Stadt

In den letzten Jahrzehnten bestimmten unterschiedliche Rahmenbedingungen und Herausforderungen die Entwicklung und Gestaltung der Städte: Schrumpfung, Stagnation und Wachstum. Im Zuge des Strukturwandels wurden industrielle Nutzungen aufgegeben. Die Konversion auf brachgefallenen und untergenutzten Flächen in den Städten (Industriegelände, Militärflächen, Eisenbahnareale, Hafengebiete u. a.) wurde zu einem zentralen Thema der Stadtentwicklung. Damit hielt auch ein neuer Umgang mit Freiflächen und Landschaft Einzug in die Stadt, insbesondere in schrumpfenden Städten ohne entsprechenden Entwicklungsdruck. Die Gestaltung der Transformation wurde zu dem bestimmenden Thema, verbunden mit der Frage, welche Rolle die historische Prägung der Stadt einnehmen kann. Die europäische Stadt als historisch geprägter Ort, an dem sich die bürgerliche Gesellschaft entwickeln konnte (vgl. Siebel 2004), wird heute als Leitbild für eine kompakte, nutzungsgemischte und sozial integrierende Stadt hochgehalten.

4 Dimensionen und Gesetzmäßigkeiten der Stadt

Wenn die Dimensionen und Gesetzmäßigkeiten der Stadt nachfolgend beschrieben werden, dann beziehen diese sich auf die europäische Stadt, die das Ergebnis von Stadtplanung und sozialstaatlicher Regulierung ist. Walter Siebel formuliert fünf Merkmale, welche den Typus der europäischen Stadt charakterisieren:

- die Präsenz von Geschichte,
- die Hoffnung auf politische, ökonomische und soziale Emanzipation,
- die urbane Lebensweise,
- die spezifische gebaute Gestalt und
- ihrer Eigenheit als geplante Stadt (vgl. Siebel 2004).

Dabei ist keines dieser fünf Merkmale ausschließlich in der europäischen Stadt präsent und zugleich sind nicht alle Merkmale gleichermaßen in jeder europäischen Stadt anzutreffen.

4.1 Stadtmorphologie

Der Begriff „Morphologie" kommt von dem griechischen Wort „morphé", was so viel bedeutet wie Gestalt, Form oder Aussehen. Unter Stadtmorphologie versteht man somit die Form- und Gestaltprinzipien, nach denen Stadtgrundrisse entstanden sind und welche die heutigen Gesetzmäßigkeiten prägen. Ein Blick in die Stadtbaugeschichte hat gezeigt, dass jede Epoche einen Einfluss auf die Morphologie der Stadt hatte (siehe Kap. 3). Nicht zuletzt deshalb spricht man vom Stadtgrundriss als „Lesebuch" der Stadt, aus dem sich Veränderungsprozesse und deren Auswirkung auf die Stadtstruktur schlussfolgern lassen. Eine Auseinandersetzung mit der Morphologie der Stadt macht die innere Logik einer Stadtstruktur lesbar, indem sie

C. Reicher, *Grundlagen, Bausteine und Aufgaben des Städtebaus*, essentials,
https://doi.org/10.1007/978-3-658-25659-3_4

Abb. 4.1 Stadtgrundriss von Aachen. (Quelle: Archiv Institut für Städtebau der RWTH Aachen University)

nach den ihr zugrunde liegenden Gesetzen der Bebauung, den Flächen und den Netzen sucht. Die einzelnen Elemente und Gesetze addieren sich zu einem Gesamtbild (s. Abb. 4.1).

4.2 Nutzungsgefüge

Der Begriff „Nutzung“ bezeichnet den Gebrauch des Bodens (einschließlich der dort errichteten Bauten und Anlagen). Die besiedelten Flächen selbst werden nach unterschiedlichen Nutzungsarten differenziert: Wohnen, Arbeiten, Versorgen, Grün- und Freiflächen, Verkehr, Bildung und Freizeit.

Die Art und Weise, wie eine Nutzung auf einem Gebiet verteilt ist, prägt dessen Nutzungsgefüge (Reicher 2017, S. 52). Die Funktionsfähigkeit eines Stadtorganismus wird durch die Form der Nutzungsverteilung bestimmt, die wiederum durch gesellschaftliche, ökonomische und topografische Faktoren beeinflusst werden kann.

Im Laufe der Geschichte haben sich die Art und Weise, wie Nutzungen innerhalb einer Stadt verteilt worden sind, mehr oder weniger stark verändert (siehe Kap. 3). Die Verteilung der Nutzungsarten und die damit verbundene Nutzungsstruktur bestimmen die städtebauliche Qualität eines Quartiers bzw. einer Stadt. Die Nutzungen sind prädestiniert für eine bestimmte Körnigkeit und Maßstäblichkeit. Ein Ziel heutiger Planung ist, ein hohes Maß an Nutzungsmischung zu erzeugen, um damit längere Wege zu vermeiden und Ressourcen zu sparen.

4.3 Stadtbild

Das Stadtbild umfasst sowohl die materielle, physische Gestalt als auch immaterielle Faktoren wie Atmosphäre und Vielfalt. Diese Qualitäten spielen in der Wahrnehmung von Städten sowohl nach außen als auch nach innen eine wichtige Rolle und werden heute stark über Bilder kommuniziert. Bilder tragen zum Verständnis der Wirklichkeit bei. Dabei stellt ein Bild etwas dar, was es selbst nicht ist; es bindet Einzelmerkmale zu einem Ganzen zusammen (vgl. Boehm 1994). Mit dem Stadtbild ist demnach die Wahrnehmung der Stadt in ihrer Gesamtheit gemeint.

Aus der Stadtgeschichte kennen wir vertraute Bilder von mittelalterlichen Marktplätzen oder von Boulevards der Neuzeit, die in prägnanter Art und Weise unsere Vorstellung von Städten und damit auch von städtischer Kultur prägen. Veränderungsprozesse durch neue Baumaßnahmen offenbaren unterschiedliche Haltungen gegenüber dem Bestand: Sie schaffen Brüche mit der bestehenden Stadtstruktur oder bauen das vorhandene Stadtbild weiter.

Städtebauliche Strukturtypen

5

Das Gefüge einer Stadt ist bestimmt durch städtebauliche Strukturtypen, also die Art und Weise wie Baukörper angeordnet sind und damit Räume prägen. Die historische Betrachtung hat gezeigt, dass solche Typen Ausdruck bestimmter gesellschaftlicher Auffassungen von Stadt und Stadtgesellschaft waren (Reicher 2017, S. 54). Sie haben jedoch auch heute noch eine große Bedeutung im Rahmen von städtebaulichen Leitbildern, Planungen und Entwürfen.

Im Wesentlichen lassen sich die nachfolgenden Strukturtypen in der europäischen Stadt identifizieren (s. Abb. 5.1):

5.1 Block

Der Block gehört zu den traditionellen Grundbausteinen der Stadt. Er hat sich über Jahrhunderte hinweg als Strukturtyp im Gefüge der Stadt behauptet. Blöcke werden allseitig von Straßen umgeben und bilden damit eine eindeutige Grenze zum öffentlichen Raum. Der Block weist eine klare Zonierung zwischen vorne und hinten auf, zwischen einer der Straße zugewandten öffentlichen Seite und einer von der Straße abgewandten privaten Seite. Damit wird das Blockinnere zu einem introvertierten, meist ruhigen Bereich. Von besonderer Bedeutung ist die exponierte Ecksituation des Blocks, die sich aufgrund der Lagegunst für die Unterbringung von Versorgungseinrichtungen (Läden, Gastronomie, …) eignet.

C. Reicher, *Grundlagen, Bausteine und Aufgaben des Städtebaus*, essentials,
https://doi.org/10.1007/978-3-658-25659-3_5

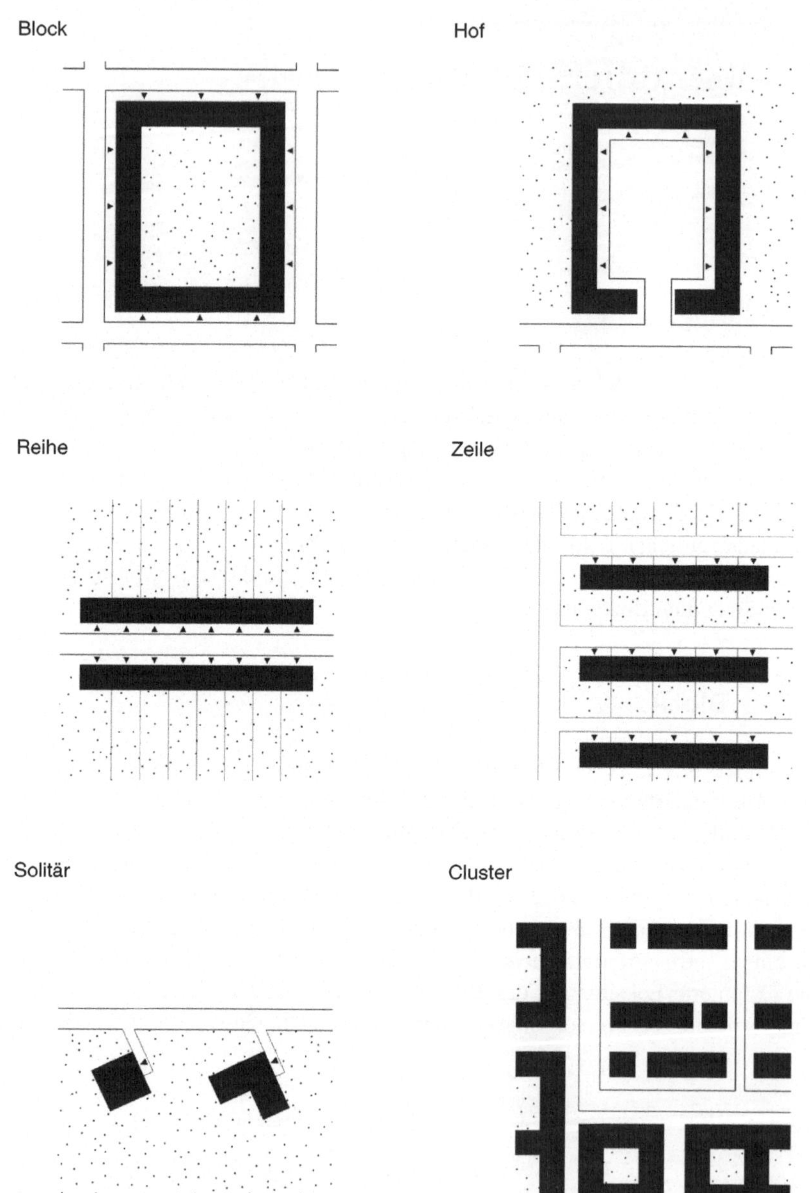

Abb. 5.1 Städtebauliche Strukturtypen: Block, Hof, Reihe, Zeile, Solitär, Cluster. (Quelle: Archiv Institut für Städtebau der RWTH Aachen University)

5.2 Hof

Der Hof lässt sich typologisch von traditionellen Vorbildern wie dem allseitig umschlossenen Bauernhof oder der Klosteranlage ableiten. Er stellt einen städtebaulichen Strukturtyp dar, bei dem Gebäude einen Raum bzw. eine Hoffläche umschließen. Dadurch entsteht ein von außen abgegrenzter, geschützter Bereich, zu dem sich die Hauseingänge hin orientieren. Von seiner Orientierung und Erschließung kann der Hof damit als Umkehrung des Blocks verstanden werden. Während beim Block die Gebäude von außen, von der Straßenseite her, erschlossen sind, werden die Gebäude des Hofes von innen, von der Hoffläche erschlossen. Die Hoffläche selbst ist für die Bewohner und andere Nutzer ein wichtiger Bezugs- und Begegnungsraum.

5.3 Reihe

Die Reihe ist einer der ältesten Bausteine der Stadt und zählt zu den Grundelementen, aus denen die meisten Städte und Dörfer gebaut sind.

Sie kommt als Strukturtyp sowohl entlang von Erschließungswegen als auch als eigenständiges Anordnungsmuster zum Einsatz. Reihen entstehen durch eine lineare Addition von Gebäuden und Parzellen entlang einer Straße, die gerade, geknickt oder gekrümmt verlaufen kann. Die Ein- und Zugänge zu den Gebäuden sind jeweils zur Straße orientiert, während die eher privaten Freiflächen im rückwärtigen Bereich liegen.

5.4 Zeile

Die Zeilenbebauung ist in Deutschland in den 1920er Jahren als Reaktion auf die schlechten Wohnbedingungen in den verdichteten Blockstrukturen entstanden. Sie ist das Ergebnis einer Rationalisierung der Wohngrundrisse, der Serienfertigung in der Bauproduktion und der Philosophie, „Licht, Luft und Sonne für alle“ zu gewährleisten. Zeilen sind linear angeordnete Baukörper und Parzellen, die sich bewusst vom Straßenraum ablösen und eigenen Gesetzen der optimalen Organisation und Orientierung zur Himmelsrichtung folgen. Sie gelten als wenig urbaner Strukturtyp, nicht zuletzt deshalb, weil sich lediglich die Giebelseiten bzw. Zeilenköpfe zum öffentlichen Raum orientieren.

5.5 Solitär

Solitäre als freistehende Gebäude hat es in allen Phasen der Stadtbaugeschichte gegeben. Dieser Strukturtypus findet sich in der bäuerlichen Kulturlandschaft als Bauernhaus, aber auch in Form von öffentlichen Gebäuden wie dem Rathaus, der Kirche und dem Theater.

Als Solitäre sind diese Bauten entweder isoliert in der Landschaft platziert oder wollen bewusst keinen Anschluss an andere Bauten eingehen. Aufgrund der exponierten Stellung sind sie in ihrer Orientierung frei. Diese räumlichen Akzente haben jedoch den Anspruch, dass sie allseits Vorderseiten ausbilden und entsprechend gestaltet werden.

5.6 Cluster

Cluster kamen schon während der Industrialisierung im 19. Jahrhundert als Arbeitersiedlung, in der Gartenstadtbewegung als größere Wohngruppen und seit den 1960er Jahren verstärkt als Stadtrandsiedlungen vor. Bei diesem städtebaulichen Strukturtyp folgt die Anordnung der Gebäude einer eigenen kompositorischen Logik. Ein wesentliches Merkmal ist die räumliche Separierung vom baulichen Kontext, häufig bedingt durch die eigenständige, auf sich bezogene Geometrie der Anordnung von Gebäuden. Cluster folgen demnach einem eigenen inneren Erschließungs- und Organisationsprinzip.

In welcher Art und Weise die städtebaulichen Strukturtypen im Verlaufe der Stadtbaugeschichte eingesetzt wurden, hängt von den Rahmenbedingungen ab. Mit den gesellschaftlichen Wertevorstellungen und den veränderten Ansprüchen an Nutzung und Dichte geht auch die Anwendung von städtebaulichen Strukturtypologien einher.

6 Bausteine der Stadt

Die Bausteine der Stadt machen in ihrem Zusammenspiel den Charakter und die Qualität des städtischen Gefüges aus. Wenn hier der Versuch unternommen wird, die unterschiedlichen Bausteine zu beschreiben und ihre Bedeutung zu skizzieren, so sind diese Stadtbausteine doch im Zusammenhang zu sehen.

6.1 Stadtbaustein ‚Freiraum'

Freiraum und Landschaft bilden in unseren Städten einen gleichberechtigten Part im urbanen Gefüge. Dabei ist die Funktion des Freiraums und der Landschaft entsprechend der jeweiligen Situation und Lage unterschiedlich. Im innerstädtischen Kontext kann Landschaft als städtebauliches Element Urbanität stützen und stärken.

Landschaft und Freiraum sind vielfach zu einem Markenzeichen von Städten geworden. So kann ein differenziertes Angebot an hochwertigen, gepflegten und gut nutzbaren Freiräumen in zunehmendem Maße zu einem Aushängeschild einer Stadt werden. Ein gut vernetztes Freiraumsystem kann sich immer mehr zu einem bedeutenden Standortfaktor entwickeln.

Die Herausforderung besteht in Anbetracht der knappen öffentlichen Haushaltsmittel darin, Freiflächen so zu strukturieren, dass sie mit möglichst geringem Pflegeaufwand den Dreiklang von hohem ästhetischem Wert, hoher Nutzungs- und hoher ökologischer Qualität erzielen.

C. Reicher, *Grundlagen, Bausteine und Aufgaben des Städtebaus,* essentials,
https://doi.org/10.1007/978-3-658-25659-3_6

6.2 Stadtbaustein ‚Öffentlicher Raum'

Der öffentliche Raum und das darin stattfindende Leben prägen die Identität unserer Städte. Straßen und Plätze sind Aushängeschild und Rückgrat des Städtebaus, ob im Quartier, auf der Ebene der Stadt oder im regionalen Kontext.

Mit dem öffentlichen Raum sind die Flächen in unseren Städten und Siedlungen gemeint, die öffentliche Funktionen übernehmen. Dieses sind im Wesentlichen die Erschließung und der Aufenthalt. Die Begriffe „öffentlicher Raum" und „Stadtraum" sind eng miteinander verknüpft. Mit Stadtraum sind alle durch Bauten gebildete Hohlräume in Siedlungsstrukturen gemeint. In dieser Definition fällt der Begriff zusammen mit dem sogenannten „Negativraum", also den von Baukörpern und Anlagen freigelassenen Volumen.

Der öffentliche Raum mit seinem Netz an Straßen und seiner Folge von Plätzen bestimmt die Lebensqualität einer Stadt und ist gleichzeitig ein Indikator der jeweiligen Gesellschaft. Der Charakter des öffentlichen Raums ist Ausdruck einer bestimmten Kultur und Lebensweise. Diese wiederum wird beeinflusst von Klima, Tradition, jeweils aktuellen gesellschaftlichen Leitbildern und nicht zuletzt vom technischen Standard. In den letzten Jahren und Jahrzehnten zeigten sich in vielen Städten negative Entwicklungen im öffentlichen Raum: Funktionsverlust, Nutzungskonkurrenz, Privatisierung, Kommerzialisierung, Vernachlässigung und Vandalismus. Diesen Herausforderungen gilt es, mit städtebaulichen Konzepten sowie kurz-, mittel-und langfristigen Strategien zu begegnen.

6.3 Stadtbaustein ‚Wohnen'

Die Wohnung zählt zur sozialen Grundausstattung eines jeden Menschen. Eine wichtige Aufgabe des Städtebaus liegt in der Gestaltung der Stadt als Wohnort mit einer möglichst hohen Lebensqualität. Der Städtebau war schon immer verpflichtet, Wohnraum zur Verfügung zu stellen und Antworten auf demografische Rahmenbedingungen wie Bevölkerungszunahme oder – abnahme zu finden.

Wohnbauten dienen nicht allein der Abdeckung von individuellen Wohnbedürfnissen, sie sind gleichzeitig auch die wesentliche Substanz, aus der die Stadt als Gemeinschafts- und Gesellschaftsraum gebildet wird. Das Wohnen beschränkt sich nicht nur auf die eigenen vier Wände. Vielmehr spielt auch die Gestaltung des Wohnumfeldes eine wesentliche Rolle für die Wohnqualität. Das Wohnumfeld und das gebaute Quartier mit seiner Nachbarschaft sind ganzheitlich als Lebensraum und als räumliches und soziales Beziehungsgeflecht zu verstehen. Die Ansprüche, die an das Wohnumfeld gestellt werden, sind vielfältig: Es soll Raum zur Individualisierung sowie Flächen für Gemeinschaftsaktivitäten und zum Rückzug bieten; es trägt zur Wohngesundheit bei und ist unter ökologischen Gesichtspunkten wichtig für das kleinräumige Klima.

Eine wesentliche Voraussetzung für ein gut funktionierendes Wohnumfeld ist dessen sinnvolle Gliederung in private, gemeinschaftliche, halböffentliche und öffentliche Bereiche. Wie bei den Schalen einer Zwiebel ist es im Idealfall vom privaten bis zum öffentlichen Raum in verschiedene aufeinander folgende und ineinander übergehende Bereiche zoniert.

Die Nachfrage nach Wohnformen verändert sich mit dem sozialen, ökonomischen und demografischen Wandel. Das Patchwork an Lebensweisen führt dazu, dass sich Pluralismus und Individualität zukünftig stärker im Wohnbausektor durchsetzen werden. Die Wohnformen von morgen werden zum bunten Spiegelbild der vielfältigen, individuellen Lebensstile. Eine sich ausdifferenzierende Gesellschaft mit unterschiedlichen Wohnbedürfnissen verlangt ein adäquates Angebot an neuen, auch experimentellen Wohnformen. Zugleich lassen Digitalisierung und neue Kommunikationstechniken Wohnen und Arbeiten stärker zusammenrücken. Für diese Herausforderungen muss der Städtebau räumliche Konzepte anbieten.

6.4 Stadtbaustein ‚Gewerbe und Industrie'

Beim Planen und Bauen für Gewerbe und Industrie kommt – stärker als bei anderen Planungsaufgaben – der Wirtschaftlichkeit ein großer Stellenwert zu. Gewerbebauten müssen flexibel und anpassungsfähig sein, technische Anlagen müssen komplexe Betriebsabläufe ermöglichen. Angesichts dieser nutzungsbedingten Anforderungen und der Fokussierung auf die zweckmäßige Gebäudehülle wurden in der Vergangenheit andere Aspekte häufig vernachlässigt. In der Folge entstanden Gewerbe- und Industriegebiete, denen es an städtebaulicher und architektonischer Qualität fehlt.

Der anhaltende wirtschaftliche Strukturwandel zeigt sich auch in der fortschreitenden Verschiebung vom Produktionssektor hin zum Dienstleistungssektor, der sog. Tertiärisierung, einhergehend mit Veränderungen in der Arbeitsorganisation, der Arbeitsteilung und der Anwendung neuer Produktions-, Transport- und Informationstechnologien. Die Nähe zum Kunden, die Erreichbarkeit und das städtebauliche Umfeld sowie das Image eines Ortes sind für viele dienstleistungsorientierte Betriebe heute wichtige Standortkriterien.

Die Herausforderungen bestehen darin, Kriterien wie eine qualitätsvolle Architektur, eine kostenbewusste Planung und Ausführung, ökologische Verträglichkeit, flächensparende Konzeptionen, die Einbindung in den städtebaulichen Kontext sowie eine soziale Aufenthaltsqualität auch für Gewerbe- und Industriegebiete zu erfüllen. Ziel ist es, urbane Orte der Arbeit zu schaffen bzw. Gewerbe- und Industriegebiete zu entwickeln, die als eigenständige und zugleich integrierte Teile der Stadt gestaltet sind.

6.5 Stadtbaustein ‚Soziale und kulturelle Infrastruktur'

Bauten wie Schulen, Universitäten, Museen, Theater oder Krankenhäuser sind wichtige Bestandteile der sozialen und kulturellen Infrastruktur einer jeden Stadt. Sie sind nicht immer öffentliche Einrichtungen, auch wenn sie originär öffentliche Aufgaben erfüllen. Mit ihren öffentlichen Nutzungsangeboten erfüllen diese Bauten eine zentrale städtebauliche Funktion im Kontext von Quartier und von Stadt; dies gilt insbesondere für die Bildungseinrichtungen.

Vielfalt und Diversität sind zu gesellschaftspolitischen Schlüsselbegriffen der Gegenwart geworden. Bildungseinrichtungen sind davon in zweierlei Hinsicht besonders betroffen: Zum einen werden dort die Grundlagen für einen angemessenen Umgang mit der Pluralisierung von Lebensstilen und der Ausdifferenzierung gesellschaftlicher Milieus gelegt, zum anderen sind Diversität und Heterogenität in vielen Kindertagesstätten, Schulen und Hochschulen längst der Regelfall.

Heute verbringen Kinder deutlich mehr Zeit in Bildungseinrichtungen als noch vor dreißig Jahren. Deshalb ist es wichtig, dass eine zeitgemäße Bildungsarchitektur sich nicht allein in ihrer inneren Organisation und Gestaltung ändert, sondern genauso in ihrem Verhältnis nach außen. Verschiedene Bildungs- und Kultureinrichtungen vernetzen sich zu Bildungslandschaften innerhalb eines Stadtviertels. Die Stadt selbst wird mehr und mehr zu einem Lernort und auch die Übergänge zwischen Bildungsstandort und angrenzendem Stadtraum werden mit größerer Sorgfalt betrachtet, da Bildungseinrichtungen generell stärker in ihre Umgebung hineinwirken sollen. Ob Schulen, Bildungszentren oder Hochschuleinrichtungen – sie dienen im Rahmen von Stadtumbau und Stadterneuerung immer häufiger als Motoren künftiger Quartiersentwicklung und erhöhen die Attraktivität der gesamten Stadt. Auch ehemals monofunktionale Hochschulstandorte erweitern ihr Nutzungsspektrum und werden zusehends „urbaner". Vernetzung mit dem Umfeld im Sinne einer Lern- und Bildungslandschaft wird zukünftig eine der zentralen Herausforderungen sein.

6.6 Stadtbaustein ‚Handel und Versorgung'

Der Handel prägt als Stadtbaustein die Gestalt der Städte in besonderem Maße. Vor allem in den Innenstädten hat die Wechselbeziehung zwischen der Einzelhandelsnutzung und dem öffentlichen Raum die Qualität des städtischen Gefüges entschieden bestimmt. Jeder Einzelhandelsbaustein steht im Dialog mit seiner Umgebung, entwickelt Bezüge zur bestehenden baulich-räumlichen Struktur sowie zum vorhandenen Freiraum.

In den vergangenen Jahren und Jahrzehnten haben sich die Anforderungen an den Einzelhandel und damit an den Stadtbaustein gravierend verändert. Nach einer Phase, in der die städtische Peripherie mit Einkaufszentren, Verbraucher- und Fachmärkten besiedelt wurde, entdeckten Investoren und Konsumenten die Innenstädte als Orte für Shopping-Center-Projekte. Diese Entwicklung hat mittlerweile ihren Zenit erreicht; Umstrukturierungsmaßnahmen hin zu neuen Nutzungskombinationen zeigen, dass der Handel sich in einem gravierenden Wandel befindet und neue städtebauliche Konzepte erfordert. Zugleich werden durch die Zunahme des Online-Handels stationäre Einzelhandelsnutzungen aus der Innenstadt verdrängt und generieren in der Folge Leerstände, insbesondere in den Erdgeschosszonen.

7 Städtebauliche Herangehensweisen und Philosophien

Die derzeitigen städtebaulichen Probleme, bedingt durch den demografischen, ökomischen und technologischen Wandel, fordern die Akteure in der Stadtentwicklung auf, Lösungsstrategien zu entwickeln. Nachfolgend sind einige Herangehensweisen benannt, die jeweils geprägt sind durch eigene inhaltliche Schwerpunkte und Philosophien:

7.1 New Urbanism

Die „New Urbanism"-Bewegung entstand Ende der 1980er Jahre in den USA als Gegenbewegung zu den Suburbanisierungsprozessen („urban sprawl") an den Rändern der amerikanischen Städte. Die Kritik richtete sich gegen den großen Flächen- und Ressourcenverbrauch sowie insbesondere das mit dieser Wohnform verbundene große Verkehrsaufkommen. Die Rückkehr zu urbanen Wohnformen, vor allem die Reaktivierung von Blockstrukturen, in Verbindung mit einer Nutzungsmischung orientiert sich an der Struktur historischer Altstädte. Die Grundsätze des New Urbanism wurden in einem ersten Kongress 1993 (Congress for the New Urbanism – CNU) diskutiert und fanden im vierten Kongress 1996 in der „Charta of the New Urbanism" ihren Niederschlag in formalen Leitlinien des Städtebaus (Congress for New Urbanism 1999). Hierin geht es nicht nur um neue Grundsätze zur Gestaltung der Stadt wie die Wiederherstellung oder der Neubau von Städten und Stadtteilen mit traditionellen Mitteln, also in Form von geschlossenen Straßenräumen und Plätzen. Beschrieben wird auch eine Vorstellung vom sozialen Zusammenleben der Bewohner.

Vielfach wird der Beitrag des New Urbanism weniger in den konkreten Gestaltungsprinzipien der Stadt selbst gesehen als vielmehr in ihrem Diskussionsbeitrag zu den Chancen für eine regionale Kooperation. Die Gestaltung der

C. Reicher, *Grundlagen, Bausteine und Aufgaben des Städtebaus*, essentials,
https://doi.org/10.1007/978-3-658-25659-3_7

„Regional City" wird dabei als zentrale und für die städtebaulichen und architektonischen Ausarbeitungen rahmensetzende Aufgabe angesehen (Bodenschatz und Kegler 2002).

Diese amerikanische Städtebaubewegung fand auch in Deutschland und Europa ihre Anhängerschaft. Der britische Thronfolger Prinz Charles hat in einer Charta „Zehn Grundsätze für ein nachhaltiges städtisches Wachstum, das die Tradition wertschätzt" formuliert, die sich stark an den New Urbanism anlehnen (Prinz Charles 2015). Insgesamt hat sich die Umsetzung dieser städtebaulichen Philosophie in Europa auf wenige Projekte beschränkt und vielfach dem Vorwurf einer rückwärtsgerichteten Ästhetik aussetzen müssen.

7.2 Stadtbaukunst

Stadtbaukunst ist eine auf gestalterische Aspekte konzentrierte Auffassung von Städtebau. Baukünstlerische Regeln wie Proportion, Dimensionierung von Raum und Materialität erhalten dabei einen höheren Stellenwert, während der Gebrauchswert und das Nutzungsgefüge als funktionsfähig vorausgesetzt werden. Heute versteht sich die Stadtbaukunst als eine erweiterte Auffassung des Städtebaus. Die Stadt steht als Körper mit ihrer Morphologie und ihrer Gestalt im Mittelpunkt der Betrachtung.

Die Stadtbaukunst hat ihren Ursprung in den „Zehn Bücher über Architektur" von Vitruv. Diese antike Auffassung von Städtebau fand im Mittelalter, in der Renaissance und im Barock ihren Niederschlag in der Gestaltung und Neugründung von Städten. Mit dem Buch „Der Städtebau nach seinen künstlerischen Grundsätzen", das Camillo Sitte Ende des 19. Jahrhundert veröffentlichte (Sitte 2007), wurde die Kritik an einem rein technisch orientierten Städtebau lauter. Die Studien zur Raumwirkung und die Analogien zu historischen Plätzen hatten in der Folge großen Einfluss auf die städtebauliche Gestaltung. Insbesondere in der räumlichen Struktur der Gartenstadt-Bewegung spiegelt sich das Raumverständnis von Camillo Sitte wider.

Das heutige Verständnis von Stadtbaukunst ist geprägt von Wolfgang Braunfels und seinen Werken über die mittelalterliche Stadtbaukunst in der Toskana (Braunfels 1953) und die abendländliche Stadtbaukunst (Braunfels 1976). In vielen Städtebauschulen Deutschlands hat die Philosophie von Stadtbaukunst ihren Ausdruck gefunden – wenn auch mit zeitlichen Unterbrechungen und mit unterschiedlichen Interpretationen. Über die Intention scheint Einigkeit zu herrschen: „Das Endziel der Stadtbaukunst ist das schöne Stadtbild … Das Stadtbild ist, wie alles in den bildenden Künsten, Komposition" (Wetzel 1962).

7.3 Informeller Städtebau

Mit dem Begriff des „Informellen Städtebaus" ist eine spezifische Form des städtebaulichen Planens gemeint, die im städtischen Alltagsleben wurzelt und der Befriedigung praktischer Bedürfnisse dient. Der Begriff verweist auf eine Fülle von Aktivitäten, die zum Städtebau und zur Stadtentwicklung beitragen, ihr aber bislang kaum zugerechnet oder als sinnvolle strategische Bausteine anerkannt werden. Dazu zählen Aktivitäten wie Urban Gardening oder Zwischennutzungen, die mittlerweile schon näher an das Instrumentarium der Stadtplanung herangerückt sind. Andere Nutzungen wie Trendsportarten lassen sich weniger leicht in die stadtplanerischen Prozesse integrieren. Mit den veränderten Nutzungskonstellationen wandelt sich auch der Blick auf die Akteure. Neben den Planer und Entwerfer tritt der Nutzer als gleichberechtigter aktiver Partner, der als Koproduzent in die Konzeption und Ausgestaltung von Stadträumen einbezogen werden sollte. Diese Entwicklung erfordert neue Planungsmethoden, die stärker als bisher Komplexität, Nichtlinearität, Unsicherheit und Selbstorganisation berücksichtigen und ermöglichen.

Informeller Städtebau ist damit auch ein Mittel, um im Sinne der demokratischen Raumplanung eine bessere Balance zwischen Experten und Zivilgesellschaft zu schaffen und einen niedrigschwelligen Zugang für schwerer erreichbare Gruppen zu ermöglichen. Denn informeller Städtebau kann die Mitwirkungsbereitschaft und Integration der Bürger als Akteure besser fördern als eine auf die Baustruktur und Gestaltungsmittel reduzierte Rahmen- und Bauleitplanung (vgl. Willinger 2017).

7.4 Regionaler Städtebau

Die Entwicklung von Städten wird schon lange in Beziehung zur Region gesehen und umgekehrt. Dennoch erfährt die Debatte um einen „Regionalen Städtebau" und eine regelrechte „Regionalisierung der Stadtentwicklung" derzeit eine neue Relevanz. Vor dem Hintergrund, dass vielerorts Wachstum und Schrumpfung teilweise nebeneinander stattfinden und sich die Fragen eines entsprechenden Ausgleichs bzw. einer Balance geradezu aufdrängen, ist der Blick auf den größeren Maßstab, den regionalen Kontext, naheliegend. In vielen Innenstädten fehlt Wohnraum, während gleichzeitig das Umland Leerstände zu verzeichnen hat. Dort wo es an Gewerbeflächen mangelt, kommen interkommunale Kooperationen in Betracht, um das notwendige Gleichgewicht zwischen unterschiedlichen Entwicklungsdynamiken herzustellen.

Nicht alle inhaltlichen Bausteine eignen sich für regionale Konzepte. Wenn es um die Entwicklung von spezifischen Baustrukturen und Urbanität geht, stellt sich die Frage, ob hierzu nicht der regionale Maßstab zu dispers ist. Insbesondere bieten sich zwei inhaltliche Themenstränge an, anhand derer die Region strukturell weiterentwickelt und zukunftsfähig gestaltet werden kann: Landschaft und Mobilität.

Mittels regionaler Leitplanken in Form von Landschaft können zusammenhängende Grünräume gesichert und somit die bauliche Entwicklung sinnvoll konzentriert und profiliert werden. Eine regionale Leitplanke zur Mobilität kann die meist stadtbezogenen Verkehrsinfrastrukturen in ein größeres Beziehungsgeflecht einbetten. Das Verbinden und Harmonisieren der verschiedenen Mobilitätssysteme stellt ein wichtiges Handlungsfeld dar, das auch die Schaffung von Mobilitätsschnittstellen („Hubs") in den Blick nehmen muss (vgl. Reicher 2017, S. 256).

Entsprechend der Raumstruktur einer Region, ob einer polyzentralen oder einer monozentralen Agglomeration, müssen die regionalen Konzepte räumliche und inhaltliche Schwerpunkte setzen. Die künftigen städtebaulichen Zielsetzungen werden aber nicht nur das Besondere einer Region herausstellen, sondern auch Antworten geben müssen auf die generellen Herausforderungen, wie sie mehr oder weniger für alle Städte und Städteregionen gelten – unabhängig davon, ob Städte nun wachsen oder schrumpfen, unabhängig davon, ob Städte „Metropolen" oder explizit „Green Cities" werden wollen.

Ausgewählte Aufgabenfelder im Städtebau

8

Im Laufe der Entstehungsgeschichte von Städten sind unterschiedliche Aufgabenfelder im Städtebau bearbeitet worden. Die inhaltlichen Schwerpunkte haben jeweils auf aktuelle Herausforderungen reagiert und Lösungsansätze entworfen. Einige der Aufgabenfelder werden nachfolgend beschrieben:

8.1 Solarer und energieeffizienter Städtebau

Der Klimawandel und die weltweiten Folgen der Erwärmung werden als eine der wichtigsten globalen Herausforderungen des 21. Jahrhunderts angesehen. Mit dem Pariser Klimaabkommen Ende 2015 reagiert die Weltgemeinschaft auf ihre globale Verantwortung zur Reduktion von Treibhausgasen (vgl. United Nations 2015, Art. 2). Gleichzeitig wächst die Bedeutung energetischer Ziele im Städtebau und in der Stadtentwicklung.

Die bedrohlichen klimatischen Extreme erfordern Antworten und neue Lösungen: eine verstärkte Nutzung erneuerbarer Energien und die Anpassung städtischer Strukturen an die veränderten Rahmenbedingungen im Sinne der Ressourceneffizienz. Konkret werden im Städtebau zwei Ansätze verfolgt: Methoden zu Minderung von CO_2 und Strategien zur Anpassung der Stadtstrukturen an klimatische Veränderungen.

Bestehende städtebauliche Strukturen bringen unterschiedliche Voraussetzungen für die Sanierung und Nachrüstung mit Solartechnik mit sich. Grundsätzlich sind die solartechnischen Umrüstungen in den Beständen so gestaltverträglich wie möglich durchzuführen. Der potenzielle Eingriffsumfang bestimmt sich aus der gestalterischen Qualität des Gebäudebestandes. Dabei gilt: Je wertvoller die historische, architektonische und städtebauliche Qualität, desto behutsamer sollte der Eingriff in Form von solarenergetischer Aufrüstung erfolgen (Reicher 2017, S. 262 ff.).

C. Reicher, *Grundlagen, Bausteine und Aufgaben des Städtebaus*, essentials,
https://doi.org/10.1007/978-3-658-25659-3_8

Beim Neubau von Gebäuden und Quartieren ist der Spielraum zur Ausnutzung von Solarenergie entschieden größer. Dabei kommt es auch auf die Lage der Gebäude auf dem Grundstück und die mögliche Orientierung zur Himmelsrichtung an. Die Orientierung der Baukörper hat Auswirkungen auf die Grundrissorganisation; gleichzeitig wird mit der inneren Zonierung der Gebäude auch eine positive Energiebilanz unterstützt. So ermöglicht die Südausrichtung der Gebäude eine Öffnung nach Süden und ein weitgehendes Schließen nach Norden, was einen großen Gewinn an passiver Solarenergienutzung bedeutet.

Auch die gewählte Dachform hat einen entscheidenden Einfluss auf die Effektivität des Einsatzes von Solartechnik, wobei durch die technischen Innovationen die gestalterischen Möglichkeiten im Umgang mit Solarelementen ständig weiterentwickelt werden und das Spektrum des Einsatzes erweitert wird.

Energetische Maßnahmen dürfen sich nicht auf das einzelne Gebäude beschränken, sondern sollen möglichst Konzepte für das Quartier umfassen, die neben den technischen Mitteln der Energieerzeugung und Energieeinsparung Aspekte wie die Verhaltensmuster der Nutzer und die Nutzungsmischung berücksichtigen.

8.2 Brachflächenentwicklung

Brachflächen stellen ein erhebliches innerstädtisches Potenzial zur Verminderung des hohen Verbrauchs bisher nicht bebauter Flächen dar. Die Wiedernutzung dieser Flächen und – falls möglich – auch ihres Gebäudebestandes wirkt dem Prozess der Zersiedelung entgegen und bietet zugleich Chancen für eine städtebauliche Neuordnung und Aufwertung.

Seit Beginn der 1989er Jahre wird der Begriff der „Brachfläche" im Städtebau und in der Stadtentwicklung diskutiert. Ein wesentliches Kriterium bei der Begriffsbestimmung ist die Funktionslosigkeit bzw. die stark eingeschränkte Nutzung der Fläche. Von Brachflächen spricht man dann, wenn diese Flächen aufgrund ihrer Lage, ihrer städtebaulichen Rahmenbedingungen oder wegen der Kontamination durch die ehemalige Nutzung nicht mehr ohne weiteres genutzt werden können. Neben der industriellen Brachfläche rücken militärische Konversionsflächen und nicht mehr benötigte Bahnliegenschaften in den Fokus der Stadtentwicklung.

Wenn ein gewerblich, militärisch oder verkehrlich genutzter, bisher meist abgeschlossener Bereich seine Funktion verliert und zur Brache wird, entsteht zunächst ein Bruch in der Struktur der Stadt. Eine häufig groß dimensionierte Fläche muss integriert werden, was oft mit Veränderungen in den angrenzenden Quartieren einhergeht. Vielfach stellen sich Probleme durch fehlendes Baurecht, hohe Sanierungskosten oderunangemessene Gewinnertragserwartungen. Auch die Nutzung von vorhandenen Gebäuden und der Umgang mit Altlasten erschweren den Prozess häufig. Trotz der Restriktionen ist die Wiederherstellung und Nutzung von Brachflächen aus ökologischer, ökonomischer und sozialer Sicht stadtentwicklungspolitisch sinnvoll.

Städtebaulich kann die Brachflächenentwicklung verschiedene konzeptionelle Ansätze verfolgen. Grundsätzlich kann differenziert werden zwischen einem eigenständigen, ergänzenden, punktuell verknüpfenden und einem mit der Umgebung verflochtenen Konzept. Welches Konzept angemessen und überzeugend ist, muss fallbezogen entschieden werden.

8.3 Aktivierung der Innenstadt

Das Gesicht einer Stadt wird meist durch die Gestalt der Innenstadt geprägt. Die Innenstadt repräsentiert die Stadt als symbolischer Kern nach außen und nach innen, also für die Stadtbewohner selbst. Hier lassen sich die Bedeutung einer Stadt, ihre Kultur sowie ihr wirtschaftliches und gesellschaftliches „Klima“ ablesen.

Im Hinblick auf die Innenstadt werden ganz unterschiedliche Begriffe verwendet: Stadtzentrum, City, zentraler Versorgungsbereich, historischer Stadtkern oder Altstadt. Gemeinsam ist allen Begriffen die Abgrenzung des symbolischen Kerns der Stadt bzw. des Stadtteils. Im Stadtgefüge hat die Innenstadt eine Vielzahl von Funktionen als das räumliche Zentrum, das kulturelle Zentrum, das politische Zentrum, das Zentrum von Handel und Dienstleistung sowie als Wohnstandort. Diese Bedeutungskonzentration macht die Relevanz der derzeitigen Herausforderungen aus.

Die aktuellen Überlegungen zur Innenstadtgestaltung orientieren sich verstärkt an dem Konzept der Nutzungsmischung und verfolgen das Leitbild einer „Stadt der kurzen Wege“. Die Anstöße für das Umdenken sind vielfältig:

- Die demografische Entwicklung hin zu einer älter werdenden Gesellschaft mit veränderten Erwartungen an den Wohnstandort und an eine wohnungsnahe medizinische und kulturelle Versorgung führt zu einer Renaissance der Innenstadt.
- Die wirtschaftlichen Veränderungen im Einzelhandel (Konzentrationsprozesse, Filialisierung, Online-Handel und Veränderung des Einkaufsverhaltens) wirken sich auf das Funktionsgefüge der Innenstädte aus.
- Der Stadtraum, insbesondere der öffentliche Raum und speziell die Fußgängerzonen, wird zunehmend von den Phänomenen der Kommerzialisierung und Privatisierung bestimmt.

Vor dem Hintergrund dieser Veränderungsprozesse sind für die Innenstädte ganzheitliche Konzepte zu entwickeln, welche die traditionellen Bilder von Innenstadt auf den Prüfstein stellen und mit einem zukunftsfähigen Nutzungsmix zu einer Stärkung und Belebung dieser zentralen städtischen Bereiche beitragen. Dabei sind die vorhandenen Qualitäten, insbesondere die identitätsstiftenden Elemente und individuellen Prägungen, zu kultivieren und in Wert zu setzen. In diesem Zusammenhang spielt die Auseinandersetzung mit der Gestalt und dem Gebrauch des öffentlichen Raums eine zentrale Rolle.

9 Ein kurzes Fazit

Städtebau bildet die Klammer zwischen Stadtplanung und Architektur, indem er den planerischen Rahmen konkretisiert und das einzelne Gebäude in den Kontext einbettet. Vor dem Hintergrund der skizzierten vielschichtigen Herausforderungen ist der Städtebau eine wirkliche „Königsdisziplin", die einen entscheidenden Einfluss auf die Lebensqualität in unseren Quartieren, Städten und Regionen hat.

Jede Zeit hat ihre eigenen inhaltlichen Schwerpunkte im Verständnis von Städtebau gesetzt und mit entsprechenden Leitbildern versucht, die jeweiligen Probleme zu lösen. Städtebau ist heute – mehr als in den vergangenen Phasen der Stadtentwicklung – ein prozesshaftes Vorgehen mit dem Ziel, ein überzeugendes Produkt im Sinne der gebauten Umwelt herzustellen. Dabei werden gute städtebauliche Lösungen und überzeugende Konzepte dann erzielt, wenn nicht nur Architekten, Stadtplaner und Ingenieure beteiligt sind, sondern auch Politiker, institutionelle und private Investoren, Kreative, Soziologen, Klimaforscher, Lichtdesigner, Eventmanager und mehr denn je die Stadtgesellschaft selbst. Städtebau erfordert die Auseinandersetzung mit dem äußerst komplexen Gegenstand der Stadt, aber auch die Bereitschaft, sich auf diese Komplexität einzulassen und an dem jeweiligen Ort um die richtige Lösung zu ringen.

C. Reicher, *Grundlagen, Bausteine und Aufgaben des Städtebaus,* essentials,
https://doi.org/10.1007/978-3-658-25659-3_9

Was Sie aus diesem *essential* mitnehmen können

Aus diesem *essential* können Sie mitnehmen:

- ein fundiertes Basiswissen über die Disziplin und das Handlungsfeld des Städtebaus,
- ein Verständnis für die Grundprinzipien des Städtebaus in Form von Strukturen und Bausteinen,
- eine Anleitung zum städtebaulichen Entwerfen.

C. Reicher, *Grundlagen, Bausteine und Aufgaben des Städtebaus*, essentials,
https://doi.org/10.1007/978-3-658-25659-3

Literatur

Albers, G. (Hrsg.). (1970). Städtebau. In *Handwörterbuch der Raumforschung und Raumordnung*. Hannover: Akademie für Raumforschung und Landesplanung.
Boehm, G. (1994). *Was ist ein Bild?* München: Wilhelm Fink.
Bodenschatz, H., & Kegler, H. (2002). New Urbanism als Strategie für die regionale Stadt? *Der Architekt Fachzeitschrift des BDA 7,* 2.
Braunfels, W. (1953). *Mittelalterliche Stadtbaukunst in der Toskana*. Berlin: Gebr. Mann.
Braunfels, W. (1976). *Abendländische Stadtbaukunst. Herrschaftsform und Baugestalt*. Köln: DuMont.
Bundesministerium für Verkehr, Bau- und Wohnungswesen (BMVBW). (2005). *Baukultur! Informationen – Argumente – Konzepte*. Hamburg: Junius.
Congress for the New Urbanism. (1999). *Charta of the New Urbanism*. New York: Congress for the New Urbanism.
Lampugnani, V. M. (2017). *Die Stadt von der Neuzeit bis zum 19. Jahrhundert: Urbane Entwürfe in Europa und Nordamerika*. Berlin: Klaus Wagenbach.
Prinz Charles. (2015). Charta von Prinz Charles. *Bauwelt*, Dez. 2015, Berlin (Zuerst veröffentlich *The Architectural Review*, Januar 2015).
Reicher, C. (2017). *Städtebauliches Entwerfen* (5. Aufl.). Wiesbaden: Springer Vieweg.
Schröteler-von Brandt, H. (2014). *Stadtbau- und Stadtplanungsgeschichte: eine Einführung*. Wiesbaden: Springer Vieweg.
Sitte, C. (2007). *Der Städtebau nach seinen künstlerischen Grundsätzen*. Berlin: Birkhäuse (Erstveröffentlichung 1989).
Siebel, W. (2004). *Die europäische Stadt*. Frankfurt a. M.: Suhrkamp.
Trieb, M. (1977). *Stadtgestaltung – Theorie und Praxis*. Braunschweig: Friedr. Vieweg + Sohn.
United Nations (2015). Adoption of the Paris Agreement. Paris.
Wetzel, H. (1962). *StadtBauKunst*. Stuttgart: K. Krämer.
Willinger, S. (2017). Informeller Städtebau. In Reicher, C. (Hrsg.), *Städtebauliches Entwerfen* (5. Aufl.). Wiesbaden: Springer Vieweg.

C. Reicher, *Grundlagen, Bausteine und Aufgaben des Städtebaus,* essentials,
https://doi.org/10.1007/978-3-658-25659-3